KB264028

개역개정

요한계시록

필사

/

노트

큰글자

Name.

Date.

REVELATION

"태초에 하나님이 천지를 창조하시니라"로 시작했던 거대한 역사 드라마가 끝을 향해 달려갑니다. 창세기가 시작에 대한 책이라면 요한계시록은 마침에 대한 책입니다. 사탄은 아담과 하와를 유혹해 범죄하게 했고 하나님과 관계가 끊어지게 했지만, 하나님은 아들이신 예수 그리스도를 보내 죄값을 대신 치르셨습니다. 그리스도께서 승리하셨습니다.

요한계시록은 사도 요한이 밧모섬에 유배를 가서 쓴 책입니다. 당시 로마 제국은 그리스도인을 몹시 핍박하여 순교자들이 많이 생겼습니다. 반대로 고난이 두려워 배교하는 이들도 있었습니다. 밧모섬에 갇혀 있는 사도 요한에게 예수님이 나타나셔서 기록하라고 하셨습니다.

예수님은 에베소, 서머나, 버가모, 두아디라, 사데, 빌라델비아, 라오디게아의 일곱 교회에 말씀을 주셨고, 각 교회가 바로 서 있기를 부탁하셨습니다(1-3장). 4장부터 마지막 장까지는 앞으로 반드시 일어날 일에 대한 내용으로, 마침내 사탄을 완전히 결박하고 전쟁에서 승리합니다. 하나님이 모든 눈물을 닦아 주시고, 영원히 하나님의 백성과 함께하는 내용으로 마무리됩니다(4-22장).

요한계시록은 고난 가운데 있는 성도들에게 소망을 주는 책입니다. 주의 말씀을 지키며 끝까지 믿음의 경주를 완주하는 자들은 결국 승리하게 될 것입니다. 세상이 더 악해져 갑니다. 미혹하는 것들이 극성을 부립니다. 이러한 시대에 더욱 믿음 위에 굳건히 서서 말씀을 마음에 새기고, 주의 말씀을 지키며 살아야 합니다. 예수님은 속히 오실 것이라 약속하셨습니다(계 22:20). 이기신 예수님(요 16:33)을 바라보며 하루를 성령 충만하게 사는 우리 모두가 되기를 기도합니다.

1장

표제와 인사

1 예수 그리스도의 계시라 이는 하나님이 그에게 주사 반드시 속히 일어
날 일들을 그 종들에게 보이시려고 그의 천사를 그 종 요한에게 보내어
알게 하신 것이라

2 요한은 하나님의 말씀과 예수 그리스도의 증거 곧 자기가 본 것을 다
증언하였느니라

3 이 예언의 말씀을 읽는 자와 듣는 자와 그 가운데에 기록한 것을 지키
는 자는 복이 있나니 때가 가까움이라

4 요한은 아시아에 있는 일곱 교회에 편지하노니 이제도 계시고 전에도
계셨고 장차 오실 이와 그의 보좌 앞에 있는 일곱 영과

5 또 충성된 증인으로 죽은 자들 가운데에서 먼저 나시고 땅의 임금들의
머리가 되신 예수 그리스도로 말미암아 은혜와 평강이 너희에게 있기를
원하노라 우리를 사랑하사 그의 피로 우리 죄에서 우리를 해방하시고

6 그의 아버지 하나님을 위하여 우리를 나라와 제사장으로 삼으신 그에게
영광과 능력이 세세토록 있기를 원하노라 아멘

7 볼지어다 그가 구름을 타고 오시리라 각 사람의 눈이 그를 보겠고 그를
찌른 자들도 볼 것이요 땅에 있는 모든 족속이 그로 말미암아 애곡하리
니 그러하리라 아멘

8 주 하나님이 이르시되 나는 알파와 오메가라 이제도 있고 전에도 있었
고 장차 올 자요 전능한 자라 하시더라

그리스도의 명령

9 나 요한은 너희 형제요 예수의 환난과 나라와 참음에 동참하는 자라 하
나님의 말씀과 예수를 증언하였음으로 말미암아 밧모라 하는 섬에 있
었더니

10 주의 날에 내가 성령에 감동되어 내 뒤에서 나는 나팔 소리 같은 큰 음
성을 들으니

11 이르되 네가 보는 것을 두루마리에 써서 에베소, 서머나, 버가모, 두아
   디라, 사데, 빌라델비아, 라오디게아 등 일곱 교회에 보내라 하시기로
12 몸을 돌이켜 나에게 말한 음성을 알아 보려고 돌이킬 때에 일곱 금 촛
   대를 보았는데
13 촛대 사이에 인자 같은 이가 발에 끌리는 옷을 입고 가슴에 금띠를 띠고
14 그의 머리와 털의 희기가 흰 양털 같고 눈 같으며 그의 눈은 불꽃 같고
15 그의 발은 풀무불에 단련한 빛난 주석 같고 그의 음성은 많은 물 소리
   와 같으며
16 그의 오른손에 일곱 별이 있고 그의 입에서 좌우에 날선 검이 나오고
   그 얼굴은 해가 힘있게 비치는 것 같더라
17 내가 볼 때에 그의 발 앞에 엎드러져 죽은 자 같이 되매 그가 오른손을
   내게 얹고 이르시되 두려워하지 말라 나는 처음이요 마지막이니
18 곧 살아 있는 자라 내가 전에 죽었었노라 볼지어다 이제 세세토록 살아
   있어 사망과 음부의 열쇠를 가졌노니
19 그러므로 네가 본 것과 지금 있는 일과 장차 될 일을 기록하라
20 네가 본 것은 내 오른손의 일곱 별의 비밀과 또 일곱 금 촛대라 일곱 별
   은 일곱 교회의 사자요 일곱 촛대는 일곱 교회니라

2장

에베소 교회에 보내는 말씀

1 에베소 교회의 사자에게 편지하라 오른손에 있는 일곱 별을 붙잡고 일
   곱 금 촛대 사이를 거니시는 이가 이르시되
2 내가 네 행위와 수고와 네 인내를 알고 또 악한 자들을 용납하지 아니
   한 것과 자칭 사도라 하되 아닌 자들을 시험하여 그의 거짓된 것을 네
   가 드러낸 것과
3 또 네가 참고 내 이름을 위하여 견디고 게으르지 아니한 것을 아노라
4 그러나 너를 책망할 것이 있나니 너의 처음 사랑을 버렸느니라

5 그러므로 어디서 떨어졌는지를 생각하고 회개하여 처음 행위를 가지라
  만일 그리하지 아니하고 회개하지 아니하면 내가 네게 가서 네 촛대를
  그 자리에서 옮기리라
6 오직 네게 이것이 있으니 네가 니골라 당의 행위를 미워하는도다 나도
  이것을 미워하노라
7 귀 있는 자는 성령이 교회들에게 하시는 말씀을 들을지어다 이기는 그에
  게는 내가 하나님의 낙원에 있는 생명나무의 열매를 주어 먹게 하리라

서머나 교회에 보내는 말씀

8 서머나 교회의 사자에게 편지하라 처음이며 마지막이요 죽었다가 살아
  나신 이가 이르시되
9 내가 네 환난과 궁핍을 알거니와 실상은 네가 부요한 자니라 자칭 유대
  인이라 하는 자들의 비방도 알거니와 실상은 유대인이 아니요 사탄의
  회당이라
10 너는 장차 받을 고난을 두려워하지 말라 볼지어다 마귀가 장차 너희 가
   운데에서 몇 사람을 옥에 던져 시험을 받게 하리니 너희가 십 일 동안
   환난을 받으리라 네가 죽도록 충성하라 그리하면 내가 생명의 관을 네
   게 주리라
11 귀 있는 자는 성령이 교회들에게 하시는 말씀을 들을지어다 이기는 자
   는 둘째 사망의 해를 받지 아니하리라

버가모 교회에 보내는 말씀

12 버가모 교회의 사자에게 편지하라 좌우에 날선 검을 가지신 이가 이르
   시되
13 네가 어디에 사는지를 내가 아노니 거기는 사탄의 권좌가 있는 데라 네
   가 내 이름을 굳게 잡아서 내 충성된 증인 안디바가 너희 가운데 곧 사
   탄이 사는 곳에서 죽임을 당할 때에도 나를 믿는 믿음을 저버리지 아니
   하였도다

14 그러나 네게 두어 가지 책망할 것이 있나니 거기 네게 발람의 교훈을 지
키는 자들이 있도다 발람이 발락을 가르쳐 이스라엘 자손 앞에 걸림돌
을 놓아 우상의 제물을 먹게 하였고 또 행음하게 하였느니라

15 이와 같이 네게도 니골라 당의 교훈을 지키는 자들이 있도다

16 그러므로 회개하라 그리하지 아니하면 내가 네게 속히 가서 내 입의 검
으로 그들과 싸우리라

17 귀 있는 자는 성령이 교회들에게 하시는 말씀을 들을지어다 이기는 그
에게는 내가 감추었던 만나를 주고 또 흰 돌을 줄 터인데 그 돌 위에 새
이름을 기록한 것이 있나니 받는 자 밖에는 그 이름을 알 사람이 없느
니라

두아디라 교회에 보내는 말씀

18 두아디라 교회의 사자에게 편지하라 그 눈이 불꽃 같고 그 발이 빛난
주석과 같은 하나님의 아들이 이르시되

19 내가 네 사업과 사랑과 믿음과 섬김과 인내를 아노니 네 나중 행위가
처음 것보다 많도다

20 그러나 네게 책망할 일이 있노라 자칭 선지자라 하는 여자 이세벨을 네
가 용납함이니 그가 내 종들을 가르쳐 꾀어 행음하게 하고 우상의 제물
을 먹게 하는도다

21 또 내가 그에게 회개할 기회를 주었으되 자기의 음행을 회개하고자 하
지 아니하는도다

22 볼지어다 내가 그를 침상에 던질 터이요 또 그와 더불어 간음하는 자들
도 만일 그의 행위를 회개하지 아니하면 큰 환난 가운데에 던지고

23 또 내가 사망으로 그의 자녀를 죽이리니 모든 교회가 나는 사람의 뜻과
마음을 살피는 자인 줄 알지라 내가 너희 각 사람의 행위대로 갚아 주
리라

24 두아디라에 남아 있어 이 교훈을 받지 아니하고 소위 사탄의 깊은 것을
알지 못하는 너희에게 말하노니 다른 짐으로 너희에게 지울 것은 없노라

25 다만 너희에게 있는 것을 내가 올 때까지 굳게 잡으라

26 이기는 자와 끝까지 내 일을 지키는 그에게 만국을 다스리는 권세를 주리니

27 그가 철장을 가지고 그들을 다스려 질그릇 깨뜨리는 것과 같이 하리라 나도 내 아버지께 받은 것이 그러하니라

28 내가 또 그에게 새벽 별을 주리라

29 귀 있는 자는 성령이 교회들에게 하시는 말씀을 들을지어다

3장

사데 교회에 보내는 말씀

1 사데 교회의 사자에게 편지하라 하나님의 일곱 영과 일곱 별을 가지신 이가 이르시되 내가 네 행위를 아노니 네가 살았다 하는 이름은 가졌으나 죽은 자로다

2 너는 일깨어 그 남은 바 죽게 된 것을 굳건하게 하라 내 하나님 앞에 네 행위의 온전한 것을 찾지 못하였노니

3 그러므로 네가 어떻게 받았으며 어떻게 들었는지 생각하고 지켜 회개하라 만일 일깨지 아니하면 내가 도둑 같이 이르리니 어느 때에 네게 이르는지 네가 알지 못하리라

4 그러나 사데에 그 옷을 더럽히지 아니한 자 몇 명이 네게 있어 흰 옷을 입고 나와 함께 다니리니 그들은 합당한 자인 연고라

5 이기는 자는 이와 같이 흰 옷을 입을 것이요 내가 그 이름을 생명책에서 결코 지우지 아니하고 그 이름을 내 아버지 앞과 그의 천사들 앞에서 시인하리라

6 귀 있는 자는 성령이 교회들에게 하시는 말씀을 들을지어다

빌라델비아 교회에 보내는 말씀

7 빌라델비아 교회의 사자에게 편지하라 거룩하고 진실하사 다윗의 열쇠를 가지신 이 곧 열면 닫을 사람이 없고 닫으면 열 사람이 없는 그가 이르시되

8 볼지어다 내가 네 앞에 열린 문을 두었으되 능히 닫을 사람이 없으리라
  내가 네 행위를 아노니 네가 작은 능력을 가지고서도 내 말을 지키며 내
  이름을 배반하지 아니하였도다

9 보라 사탄의 회당 곧 자칭 유대인이라 하나 그렇지 아니하고 거짓말 하
  는 자들 중에서 몇을 네게 주어 그들로 와서 네 발 앞에 절하게 하고 내
  가 너를 사랑하는 줄을 알게 하리라

10 네가 나의 인내의 말씀을 지켰은즉 내가 또한 너를 지켜 시험의 때를
   면하게 하리니 이는 장차 온 세상에 임하여 땅에 거하는 자들을 시험할
   때라

11 내가 속히 오리니 네가 가진 것을 굳게 잡아 아무도 네 면류관을 빼앗
   지 못하게 하라

12 이기는 자는 내 하나님 성전에 기둥이 되게 하리니 그가 결코 다시 나
   가지 아니하리라 내가 하나님의 이름과 하나님의 성 곧 하늘에서 내 하
   나님께로부터 내려오는 새 예루살렘의 이름과 나의 새 이름을 그이 위
   에 기록하리라

13 귀 있는 자는 성령이 교회들에게 하시는 말씀을 들을지어다

라오디게아 교회에 보내는 말씀

14 라오디게아 교회의 사자에게 편지하라 아멘이시요 충성되고 참된 증인
   이시요 하나님의 창조의 근본이신 이가 이르시되

15 내가 네 행위를 아노니 네가 차지도 아니하고 뜨겁지도 아니하도다 네
   가 차든지 뜨겁든지 하기를 원하노라

16 네가 이같이 미지근하여 뜨겁지도 아니하고 차지도 아니하니 내 입에서
   너를 토하여 버리리라

17 네가 말하기를 나는 부자라 부요하여 부족한 것이 없다 하나 네 곤고
   한 것과 가련한 것과 가난한 것과 눈 먼 것과 벌거벗은 것을 알지 못하
   는도다

18 내가 너를 권하노니 내게서 불로 연단한 금을 사서 부요하게 하고 흰 옷을 사서 입어 벌거벗은 수치를 보이지 않게 하고 안약을 사서 눈에 발라 보게 하라

19 무릇 내가 사랑하는 자를 책망하여 징계하노니 그러므로 네가 열심을 내라 회개하라

20 볼지어다 내가 문 밖에 서서 두드리노니 누구든지 내 음성을 듣고 문을 열면 내가 그에게로 들어가 그와 더불어 먹고 그는 나와 더불어 먹으리라

21 이기는 그에게는 내가 내 보좌에 함께 앉게 하여 주기를 내가 이기고 아버지 보좌에 함께 앉은 것과 같이 하리라

22 귀 있는 자는 성령이 교회들에게 하시는 말씀을 들을지어다

4장 **하늘의 예배**

1 이 일 후에 내가 보니 하늘에 열린 문이 있는데 내가 들은 바 처음에 내게 말하던 나팔 소리 같은 그 음성이 이르되 이리로 올라오라 이 후에 마땅히 일어날 일들을 내가 네게 보이리라 하시더라

2 내가 곧 성령에 감동되었더니 보라 하늘에 보좌를 베풀었고 그 보좌 위에 앉으신 이가 있는데

3 앉으신 이의 모양이 벽옥과 홍보석 같고 또 무지개가 있어 보좌에 둘렸는데 그 모양이 녹보석 같더라

4 또 보좌에 둘려 이십사 보좌들이 있고 그 보좌들 위에 이십사 장로들이 흰 옷을 입고 머리에 금관을 쓰고 앉았더라

5 보좌로부터 번개와 음성과 우렛소리가 나고 보좌 앞에 켠 등불 일곱이 있으니 이는 하나님의 일곱 영이라

6 보좌 앞에 수정과 같은 유리 바다가 있고 보좌 가운데와 보좌 주위에 네 생물이 있는데 앞뒤에 눈들이 가득하더라

7 그 첫째 생물은 사자 같고 그 둘째 생물은 송아지 같고 그 셋째 생물은 얼굴이 사람 같고 그 넷째 생물은 날아가는 독수리 같은데

8 네 생물은 각각 여섯 날개를 가졌고 그 안과 주위에는 눈들이 가득하더라 그들이 밤낮 쉬지 않고 이르기를 거룩하다 거룩하다 거룩하다 주 하나님 곧 전능하신 이여 전에도 계셨고 이제도 계시고 장차 오실 이시라 하고

9 그 생물들이 보좌에 앉으사 세세토록 살아 계시는 이에게 영광과 존귀와 감사를 돌릴 때에

10 이십사 장로들이 보좌에 앉으신 이 앞에 엎드려 세세토록 살아 계시는 이에게 경배하고 자기의 관을 보좌 앞에 드리며 이르되

11 우리 주 하나님이여 영광과 존귀와 권능을 받으시는 것이 합당하오니 주께서 만물을 지으신지라 만물이 주의 뜻대로 있었고 또 지으심을 받았나이다 하더라

5장 책과 어린 양

1 내가 보매 보좌에 앉으신 이의 오른손에 두루마리가 있으니 안팎으로 썼고 일곱 인으로 봉하였더라

2 또 보매 힘있는 천사가 큰 음성으로 외치기를 누가 그 두루마리를 펴며 그 인을 떼기에 합당하냐 하나

3 하늘 위에나 땅 위에나 땅 아래에 능히 그 두루마리를 펴거나 보거나 할 자가 없더라

4 그 두루마리를 펴거나 보거나 하기에 합당한 자가 보이지 아니하기로 내가 크게 울었더니

5 장로 중의 한 사람이 내게 말하되 울지 말라 유대 지파의 사자 다윗의 뿌리가 이겼으니 그 두루마리와 그 일곱 인을 떼시리라 하더라

6 내가 또 보니 보좌와 네 생물과 장로들 사이에 한 어린 양이 서 있는데 일찍이 죽임을 당한 것 같더라 그에게 일곱 뿔과 일곱 눈이 있으니 이 눈들은 온 땅에 보내심을 받은 하나님의 일곱 영이더라

7 그 어린 양이 나아와서 보좌에 앉으신 이의 오른손에서 두루마리를 취하시니라

8 그 두루마리를 취하시매 네 생물과 이십사 장로들이 그 어린 양 앞에
엎드려 각각 거문고와 향이 가득한 금 대접을 가졌으니 이 향은 성도의
기도들이라

9 그들이 새 노래를 불러 이르되 두루마리를 가지시고 그 인봉을 떼기에
합당하시도다 일찍이 죽임을 당하사 각 족속과 방언과 백성과 나라 가
운데에서 사람들을 피로 사서 하나님께 드리시고

10 그들로 우리 하나님 앞에서 나라와 제사장들을 삼으셨으니 그들이 땅
에서 왕 노릇 하리로다 하더라

11 내가 또 보고 들으매 보좌와 생물들과 장로들을 둘러 선 많은 천사의
음성이 있으니 그 수가 만만이요 천천이라

12 큰 음성으로 이르되 죽임을 당하신 어린 양은 능력과 부와 지혜와 힘과
존귀와 영광과 찬송을 받으시기에 합당하도다 하더라

13 내가 또 들으니 하늘 위에와 땅 위에와 땅 아래와 바다 위에와 또 그 가
운데 모든 피조물이 이르되 보좌에 앉으신 이와 어린 양에게 찬송과 존
귀와 영광과 권능을 세세토록 돌릴지어다 하니

14 네 생물이 이르되 아멘 하고 장로들은 엎드려 경배하더라

6장

일곱 봉인에 담긴 심판

1 내가 보매 어린 양이 일곱 인 중의 하나를 떼시는데 그 때에 내가 들으
니 네 생물 중의 하나가 우렛소리 같이 말하되 오라 하기로

2 이에 내가 보니 흰 말이 있는데 그 탄 자가 활을 가졌고 면류관을 받고
나아가서 이기고 또 이기려고 하더라

3 둘째 인을 떼실 때에 내가 들으니 둘째 생물이 말하되 오라 하니

4 이에 다른 붉은 말이 나오더라 그 탄 자가 허락을 받아 땅에서 화평을
제하여 버리며 서로 죽이게 하고 또 큰 칼을 받았더라

5 셋째 인을 떼실 때에 내가 들으니 셋째 생물이 말하되 오라 하기로 내가
보니 검은 말이 나오는데 그 탄 자가 손에 저울을 가졌더라

6 내가 네 생물 사이로부터 나는 듯한 음성을 들으니 이르되 한 데나리온
  에 밀 한 되요 한 데나리온에 보리 석 되로다 또 감람유와 포도주는 해
  치지 말라 하더라

7 넷째 인을 떼실 때에 내가 넷째 생물의 음성을 들으니 말하되 오라 하
  기로

8 내가 보매 청황색 말이 나오는데 그 탄 자의 이름은 사망이니 음부가
  그 뒤를 따르더라 그들이 땅 사분의 일의 권세를 얻어 검과 흉년과 사망
  과 땅의 짐승들로써 죽이더라

9 다섯째 인을 떼실 때에 내가 보니 하나님의 말씀과 그들이 가진 증거로
  말미암아 죽임을 당한 영혼들이 제단 아래에 있어

10 큰 소리로 불러 이르되 거룩하고 참되신 대주재여 땅에 거하는 자들을
  심판하여 우리 피를 갚아 주지 아니하시기를 어느 때까지 하시려 하나
  이까 하니

11 각각 그들에게 흰 두루마기를 주시며 이르시되 아직 잠시 동안 쉬되 그
  들의 동무 종들과 형제들도 자기처럼 죽임을 당하여 그 수가 차기까지
  하라 하시더라

12 내가 보니 여섯째 인을 떼실 때에 큰 지진이 나며 해가 검은 털로 짠 상
  복 같이 검어지고 달은 온통 피 같이 되며

13 하늘의 별들이 무화과나무가 대풍에 흔들려 설익은 열매가 떨어지는
  것 같이 땅에 떨어지며

14 하늘은 두루마리가 말리는 것 같이 떠나가고 각 산과 섬이 제 자리에서
  옮겨지매

15 땅의 임금들과 왕족들과 장군들과 부자들과 강한 자들과 모든 종과 자
  유인이 굴과 산들의 바위 틈에 숨어

16 산들과 바위에게 말하되 우리 위에 떨어져 보좌에 앉으신 이의 얼굴에
  서와 그 어린 양의 진노에서 우리를 가리라

17 그들의 진노의 큰 날이 이르렀으니 누가 능히 서리요 하더라

7장 인치심을 받은 십사만 사천 명

1 이 일 후에 내가 네 천사가 땅 네 모퉁이에 선 것을 보니 땅의 사방의 바람을 붙잡아 바람으로 하여금 땅에나 바다에나 각종 나무에 불지 못하게 하더라

2 또 보매 다른 천사가 살아 계신 하나님의 인을 가지고 해 돋는 데로부터 올라와서 땅과 바다를 해롭게 할 권세를 받은 네 천사를 향하여 큰 소리로 외쳐

3 이르되 우리가 우리 하나님의 종들의 이마에 인치기까지 땅이나 바다나 나무들을 해하지 말라 하더라

4 내가 인침을 받은 자의 수를 들으니 이스라엘 자손의 각 지파 중에서 인침을 받은 자들이 십사만 사천이니

각 나라에서 온 무리

5 유다 지파 중에 인침을 받은 자가 일만 이천이요 르우벤 지파 중에 일만 이천이요 갓 지파 중에 일만 이천이요

6 아셀 지파 중에 일만 이천이요 납달리 지파 중에 일만 이천이요 므낫세 지파 중에 일만 이천이요

7 시므온 지파 중에 일만 이천이요 레위 지파 중에 일만 이천이요 잇사갈 지파 중에 일만 이천이요

8 스불론 지파 중에 일만 이천이요 요셉 지파 중에 일만 이천이요 베냐민 지파 중에 인침을 받은 자가 일만 이천이라

9 이 일 후에 내가 보니 각 나라와 족속과 백성과 방언에서 아무도 능히 셀 수 없는 큰 무리가 나와 흰 옷을 입고 손에 종려 가지를 들고 보좌 앞과 어린 양 앞에 서서

10 큰 소리로 외쳐 이르되 구원하심이 보좌에 앉으신 우리 하나님과 어린 양에게 있도다 하니

11 모든 천사가 보좌와 장로들과 네 생물의 주위에 서 있다가 보좌 앞에 엎드려 얼굴을 대고 하나님께 경배하여

12 이르되 아멘 찬송과 영광과 지혜와 감사와 존귀와 권능과 힘이 우리 하
　　나님께 세세토록 있을지어다 아멘 하더라
13 장로 중 하나가 응답하여 나에게 이르되 이 흰 옷 입은 자들이 누구며
　　또 어디서 왔느냐
14 내가 말하기를 내 주여 당신이 아시나이다 하니 그가 나에게 이르되 이
　　는 큰 환난에서 나오는 자들인데 어린 양의 피에 그 옷을 씻어 희게 하
　　였느니라
15 그러므로 그들이 하나님의 보좌 앞에 있고 또 그의 성전에서 밤낮 하나
　　님을 섬기매 보좌에 앉으신 이가 그들 위에 장막을 치시리니
16 그들이 다시는 주리지도 아니하며 목마르지도 아니하고 해나 아무 뜨거
　　운 기운에 상하지도 아니하리니
17 이는 보좌 가운데에 계신 어린 양이 그들의 목자가 되사 생명수 샘으로
　　인도하시고 하나님께서 그들의 눈에서 모든 눈물을 씻어 주실 것임이라

8장

일곱째 봉인과 금 향로

1 일곱째 인을 떼실 때에 하늘이 반 시간쯤 고요하더니
2 내가 보매 하나님 앞에 일곱 천사가 서 있어 일곱 나팔을 받았더라
3 또 다른 천사가 와서 제단 곁에 서서 금 향로를 가지고 많은 향을 받았
　　으니 이는 모든 성도의 기도와 합하여 보좌 앞 금 제단에 드리고자 함
　　이라
4 향연이 성도의 기도와 함께 천사의 손으로부터 하나님 앞으로 올라가는
　　지라
5 천사가 향로를 가지고 제단의 불을 담아다가 땅에 쏟으매 우레와 음성
　　과 번개와 지진이 나더라

나팔 소리

6 일곱 나팔을 가진 일곱 천사가 나팔 불기를 준비하더라

7 첫째 천사가 나팔을 부니 피 섞인 우박과 불이 나와서 땅에 쏟아지매
땅의 삼분의 일이 타 버리고 수목의 삼분의 일도 타 버리고 각종 푸른
풀도 타 버렸더라

8 둘째 천사가 나팔을 부니 불 붙는 큰 산과 같은 것이 바다에 던져지매
바다의 삼분의 일이 피가 되고

9 바다 가운데 생명 가진 피조물들의 삼분의 일이 죽고 배들의 삼분의 일
이 깨지더라

10 셋째 천사가 나팔을 부니 횃불 같이 타는 큰 별이 하늘에서 떨어져 강
들의 삼분의 일과 여러 물샘에 떨어지니

11 이 별 이름은 쓴 쑥이라 물의 삼분의 일이 쓴 쑥이 되매 그 물이 쓴 물
이 되므로 많은 사람이 죽더라

12 넷째 천사가 나팔을 부니 해 삼분의 일과 달 삼분의 일과 별들의 삼분
의 일이 타격을 받아 그 삼분의 일이 어두워지니 낮 삼분의 일은 비추임
이 없고 밤도 그러하더라

13 내가 또 보고 들으니 공중에 날아가는 독수리가 큰 소리로 이르되 땅에
사는 자들에게 화, 화, 화가 있으리니 이는 세 천사들이 불어야 할 나팔
소리가 남아 있음이로다 하더라

9장

1 다섯째 천사가 나팔을 불매 내가 보니 하늘에서 땅에 떨어진 별 하나가
있는데 그가 무저갱의 열쇠를 받았더라

2 그가 무저갱을 여니 그 구멍에서 큰 화덕의 연기 같은 연기가 올라오매
해와 공기가 그 구멍의 연기로 말미암아 어두워지며

3 또 황충이 연기 가운데로부터 땅 위에 나오매 그들이 땅에 있는 전갈의
권세와 같은 권세를 받았더라

4 그들에게 이르시되 땅의 풀이나 푸른 것이나 각종 수목은 해하지 말고
오직 이마에 하나님의 인침을 받지 아니한 사람들만 해하라 하시더라

5 그러나 그들을 죽이지는 못하게 하시고 다섯 달 동안 괴롭게만 하게 하
시는데 그 괴롭게 함은 전갈이 사람을 쏠 때에 괴롭게 함과 같더라

6 그 날에는 사람들이 죽기를 구하여도 죽지 못하고 죽고 싶으나 죽음이 그들을 피하리로다

7 황충들의 모양은 전쟁을 위하여 준비한 말들 같고 그 머리에 금 같은 관 비슷한 것을 썼으며 그 얼굴은 사람의 얼굴 같고

8 또 여자의 머리털 같은 머리털이 있고 그 이빨은 사자의 이빨 같으며

9 또 철 호심경 같은 호심경이 있고 그 날개들의 소리는 병거와 많은 말들이 전쟁터로 달려 들어가는 소리 같으며

10 또 전갈과 같은 꼬리와 쏘는 살이 있어 그 꼬리에는 다섯 달 동안 사람들을 해하는 권세가 있더라

11 그들에게 왕이 있으니 무저갱의 사자라 히브리어로는 그 이름이 아바돈이요 헬라어로는 그 이름이 아볼루온이더라

12 첫째 화는 지나갔으나 보라 아직도 이 후에 화 둘이 이르리로다

13 여섯째 천사가 나팔을 불매 내가 들으니 하나님 앞 금 제단 네 뿔에서 한 음성이 나서

14 나팔 가진 여섯째 천사에게 말하기를 큰 강 유브라데에 결박한 네 천사를 놓아 주라 하매

15 네 천사가 놓였으니 그들은 그 년 월 일 시에 이르러 사람 삼분의 일을 죽이기로 준비된 자들이더라

16 마병대의 수는 이만 만이니 내가 그들의 수를 들었노라

17 이같은 환상 가운데 그 말들과 그 위에 탄 자들을 보니 불빛과 자줏빛과 유황빛 호심경이 있고 또 말들의 머리는 사자 머리 같고 그 입에서는 불과 연기와 유황이 나오더라

18 이 세 재앙 곧 자기들의 입에서 나오는 불과 연기와 유황으로 말미암아 사람 삼분의 일이 죽임을 당하니라

19 이 말들의 힘은 입과 꼬리에 있으니 꼬리는 뱀 같고 또 꼬리에 머리가 있어 이것으로 해하더라

20 이 재앙에 죽지 않고 남은 사람들은 손으로 행한 일을 회개하지 아니하고 오히려 여러 귀신과 또는 보거나 듣거나 다니거나 하지 못하는 금, 은, 동과 목석의 우상에게 절하고

21 또 그 살인과 복술과 음행과 도둑질을 회개하지 아니하더라

10장 천사와 작은 책

1 내가 또 보니 힘 센 다른 천사가 구름을 입고 하늘에서 내려오는데 그 머리 위에 무지개가 있고 그 얼굴은 해 같고 그 발은 불기둥 같으며

2 그 손에는 펴 놓인 작은 두루마리를 들고 그 오른 발은 바다를 밟고 왼 발은 땅을 밟고

3 사자가 부르짖는 것 같이 큰 소리로 외치니 그가 외칠 때에 일곱 우레가 그 소리를 내어 말하더라

4 일곱 우레가 말을 할 때에 내가 기록하려고 하다가 곧 들으니 하늘에서 소리가 나서 말하기를 일곱 우레가 말한 것을 인봉하고 기록하지 말라 하더라

5 내가 본 바 바다와 땅을 밟고 서 있는 천사가 하늘을 향하여 오른손을 들고

6 세세토록 살아 계신 이 곧 하늘과 그 가운데에 있는 물건이며 땅과 그 가운데에 있는 물건이며 바다와 그 가운데에 있는 물건을 창조하신 이를 가리켜 맹세하여 이르되 지체하지 아니하리니

7 일곱째 천사가 소리 내는 날 그의 나팔을 불려고 할 때에 하나님이 그의 종 선지자들에게 전하신 복음과 같이 하나님의 그 비밀이 이루어지리라 하더라

8 하늘에서 나서 내게 들리던 음성이 또 내게 말하여 이르되 네가 가서 바다와 땅을 밟고 서 있는 천사의 손에 펴 놓인 두루마리를 가지라 하기로

9 내가 천사에게 나아가 작은 두루마리를 달라 한즉 천사가 이르되 갖다 먹어 버리라 네 배에는 쓰나 네 입에는 꿀 같이 달리라 하거늘

10 내가 천사의 손에서 작은 두루마리를 갖다 먹어 버리니 내 입에는 꿀 같이 다나 먹은 후에 내 배에서는 쓰게 되더라

11 그가 내게 말하기를 네가 많은 백성과 나라와 방언과 임금에게 다시 예언하여야 하리라 하더라

11장 두 증인

1 또 내게 지팡이 같은 갈대를 주며 말하기를 일어나서 하나님의 성전과 제단과 그 안에서 경배하는 자들을 측량하되

2 성전 바깥 마당은 측량하지 말고 그냥 두라 이것은 이방인에게 주었은즉 그들이 거룩한 성을 마흔두 달 동안 짓밟으리라

3 내가 나의 두 증인에게 권세를 주리니 그들이 굵은 베옷을 입고 천이백육십 일을 예언하리라

4 그들은 이 땅의 주 앞에 서 있는 두 감람나무와 두 촛대니

5 만일 누구든지 그들을 해하고자 하면 그들의 입에서 불이 나와서 그들의 원수를 삼켜 버릴 것이요 누구든지 그들을 해하고자 하면 반드시 그와 같이 죽임을 당하리라

6 그들이 권능을 가지고 하늘을 닫아 그 예언을 하는 날 동안 비가 오지 못하게 하고 또 권능을 가지고 물을 피로 변하게 하고 아무 때든지 원하는 대로 여러 가지 재앙으로 땅을 치리로다

7 그들이 그 증언을 마칠 때에 무저갱으로부터 올라오는 짐승이 그들과 더불어 전쟁을 일으켜 그들을 이기고 그들을 죽일 터인즉

8 그들의 시체가 큰 성 길에 있으리니 그 성은 영적으로 하면 소돔이라고도 하고 애굽이라고도 하니 곧 그들의 주께서 십자가에 못 박히신 곳이라

9 백성들과 족속과 방언과 나라 중에서 사람들이 그 시체를 사흘 반 동안을 보며 무덤에 장사하지 못하게 하리로다

10 이 두 선지자가 땅에 사는 자들을 괴롭게 한 고로 땅에 사는 자들이 그들의 죽음을 즐거워하고 기뻐하여 서로 예물을 보내리라 하더라

11 삼 일 반 후에 하나님께로부터 생기가 그들 속에 들어가매 그들이 발로 일어서니 구경하는 자들이 크게 두려워하더라

12 하늘로부터 큰 음성이 있어 이리로 올라오라 함을 그들이 듣고 구름을 타고 하늘로 올라가니 그들의 원수들도 구경하더라

13 그 때에 큰 지진이 나서 성 십분의 일이 무너지고 지진에 죽은 사람이 칠천이라 그 남은 자들이 두려워하여 영광을 하늘의 하나님께 돌리더라

14 둘째 화는 지나갔으나 보라 셋째 화가 속히 이르는도다

일곱째 나팔 소리

15 일곱째 천사가 나팔을 불매 하늘에 큰 음성들이 나서 이르되 세상 나라가 우리 주와 그의 그리스도의 나라가 되어 그가 세세토록 왕 노릇 하시리로다 하니

16 하나님 앞에서 자기 보좌에 앉아 있던 이십사 장로가 엎드려 얼굴을 땅에 대고 하나님께 경배하여

17 이르되 감사하옵나니 옛적에도 계셨고 지금도 계신 주 하나님 곧 전능하신 이여 친히 큰 권능을 잡으시고 왕 노릇 하시도다

18 이방들이 분노하매 주의 진노가 내려 죽은 자를 심판하시며 종 선지자들과 성도들과 또 작은 자든지 큰 자든지 주의 이름을 경외하는 자들에게 상 주시며 또 땅을 망하게 하는 자들을 멸망시키실 때로소이다 하더라

19 이에 하늘에 있는 하나님의 성전이 열리니 성전 안에 하나님의 언약궤가 보이며 또 번개와 음성들과 우레와 지진과 큰 우박이 있더라

12장 여자와 용

1 하늘에 큰 이적이 보이니 해를 옷 입은 한 여자가 있는데 그 발 아래에는 달이 있고 그 머리에는 열두 별의 관을 썼더라

2 이 여자가 아이를 배어 해산하게 되매 아파서 애를 쓰며 부르짖더라

3 하늘에 또 다른 이적이 보이니 보라 한 큰 붉은 용이 있어 머리가 일곱이요 뿔이 열이라 그 여러 머리에 일곱 왕관이 있는데

4 그 꼬리가 하늘의 별 삼분의 일을 끌어다가 땅에 던지더라 용이 해산하
려는 여자 앞에서 그가 해산하면 그 아이를 삼키고자 하더니

5 여자가 아들을 낳으니 이는 장차 철장으로 만국을 다스릴 남자라 그 아
이를 하나님 앞과 그 보좌 앞으로 올려가더라

6 그 여자가 광야로 도망하매 거기서 천이백육십 일 동안 그를 양육하기
위하여 하나님께서 예비하신 곳이 있더라

7 하늘에 전쟁이 있으니 미가엘과 그의 사자들이 용과 더불어 싸울새 용
과 그의 사자들도 싸우나

8 이기지 못하여 다시 하늘에서 그들이 있을 곳을 얻지 못한지라

9 큰 용이 내쫓기니 옛 뱀 곧 마귀라고도 하고 사탄이라고도 하며 온 천하
를 꾀는 자라 그가 땅으로 내쫓기니 그의 사자들도 그와 함께 내쫓기니라

10 내가 또 들으니 하늘에 큰 음성이 있어 이르되 이제 우리 하나님의 구
원과 능력과 나라와 또 그의 그리스도의 권세가 나타났으니 우리 형제
들을 참소하던 자 곧 우리 하나님 앞에서 밤낮 참소하던 자가 쫓겨났고

11 또 우리 형제들이 어린 양의 피와 자기들이 증언하는 말씀으로써 그를
이겼으니 그들은 죽기까지 자기들의 생명을 아끼지 아니하였도다

12 그러므로 하늘과 그 가운데에 거하는 자들은 즐거워하라 그러나 땅과
바다는 화 있을진저 이는 마귀가 자기의 때가 얼마 남지 않은 줄을 알
므로 크게 분내어 너희에게 내려갔음이라 하더라

13 용이 자기가 땅으로 내쫓긴 것을 보고 남자를 낳은 여자를 박해하는지라

14 그 여자가 큰 독수리의 두 날개를 받아 광야 자기 곳으로 날아가 거기
서 그 뱀의 낯을 피하여 한 때와 두 때와 반 때를 양육 받으매

15 여자의 뒤에서 뱀이 그 입으로 물을 강 같이 토하여 여자를 물에 떠내
려 가게 하려 하되

16 땅이 여자를 도와 그 입을 벌려 용의 입에서 토한 강물을 삼키니

17 용이 여자에게 분노하여 돌아가서 그 여자의 남은 자손 곧 하나님의 계
명을 지키며 예수의 증거를 가진 자들과 더불어 싸우려고 바다 모래 위
에 서 있더라

13장

짐승 두 마리

1 내가 보니 바다에서 한 짐승이 나오는데 뿔이 열이요 머리가 일곱이라 그 뿔에는 열 왕관이 있고 그 머리들에는 신성모독 하는 이름들이 있더라

2 내가 본 짐승은 표범과 비슷하고 그 발은 곰의 발 같고 그 입은 사자의 입 같은데 용이 자기의 능력과 보좌와 큰 권세를 그에게 주었더라

3 그의 머리 하나가 상하여 죽게 된 것 같더니 그 죽게 되었던 상처가 나으매 온 땅이 놀랍게 여겨 짐승을 따르고

4 용이 짐승에게 권세를 주므로 용에게 경배하며 짐승에게 경배하여 이르되 누가 이 짐승과 같으냐 누가 능히 이와 더불어 싸우리요 하더라

5 또 짐승이 과장되고 신성모독을 말하는 입을 받고 또 마흔두 달 동안 일할 권세를 받으니라

6 짐승이 입을 벌려 하나님을 향하여 비방하되 그의 이름과 그의 장막 곧 하늘에 사는 자들을 비방하더라

7 또 권세를 받아 성도들과 싸워 이기게 되고 각 족속과 백성과 방언과 나라를 다스리는 권세를 받으니

8 죽임을 당한 어린 양의 생명책에 창세 이후로 이름이 기록되지 못하고 이 땅에 사는 자들은 다 그 짐승에게 경배하리라

9 누구든지 귀가 있거든 들을지어다

10 사로잡힐 자는 사로잡혀 갈 것이요 칼에 죽을 자는 마땅히 칼에 죽을 것이니 성도들의 인내와 믿음이 여기 있느니라

11 내가 보매 또 다른 짐승이 땅에서 올라오니 어린 양 같이 두 뿔이 있고 용처럼 말을 하더라

12 그가 먼저 나온 짐승의 모든 권세를 그 앞에서 행하고 땅과 땅에 사는 자들을 처음 짐승에게 경배하게 하니 곧 죽게 되었던 상처가 나은 자니라

13 큰 이적을 행하되 심지어 사람들 앞에서 불이 하늘로부터 땅에 내려오게 하고

14 짐승 앞에서 받은 바 이적을 행함으로 땅에 거하는 자들을 미혹하며 땅
   에 거하는 자들에게 이르기를 칼에 상하였다가 살아난 짐승을 위하여
   우상을 만들라 하더라
15 그가 권세를 받아 그 짐승의 우상에게 생기를 주어 그 짐승의 우상으로
   말하게 하고 또 짐승의 우상에게 경배하지 아니하는 자는 몇이든지 다
   죽이게 하더라
16 그가 모든 자 곧 작은 자나 큰 자나 부자나 가난한 자나 자유인이나 종
   들에게 그 오른손에나 이마에 표를 받게 하고
17 누구든지 이 표를 가진 자 외에는 매매를 못하게 하니 이 표는 곧 짐승
   의 이름이나 그 이름의 수라
18 지혜가 여기 있으니 총명한 자는 그 짐승의 수를 세어 보라 그것은 사
   람의 수니 그의 수는 육백육십육이니라

14장 십사만 사천 명이 부르는 노래

1 또 내가 보니 보라 어린 양이 시온 산에 섰고 그와 함께 십사만 사천이
  서 있는데 그들의 이마에는 어린 양의 이름과 그 아버지의 이름을 쓴 것
  이 있더라
2 내가 하늘에서 나는 소리를 들으니 많은 물 소리와도 같고 큰 우렛소리
  와도 같은데 내가 들은 소리는 거문고 타는 자들이 그 거문고를 타는
  것 같더라
3 그들이 보좌 앞과 네 생물과 장로들 앞에서 새 노래를 부르니 땅에서
  속량함을 받은 십사만 사천 밖에는 능히 이 노래를 배울 자가 없더라
4 이 사람들은 여자와 더불어 더럽히지 아니하고 순결한 자라 어린 양이
  어디로 인도하든지 따라가는 자며 사람 가운데에서 속량함을 받아 처
  음 익은 열매로 하나님과 어린 양에게 속한 자들이니
5 그 입에 거짓말이 없고 흠이 없는 자들이더라

세 천사가 전하는 말

6 또 보니 다른 천사가 공중에 날아가는데 땅에 거주하는 자들 곧 모든
  민족과 종족과 방언과 백성에게 전할 영원한 복음을 가졌더라

7 그가 큰 음성으로 이르되 하나님을 두려워하며 그에게 영광을 돌리라
  이는 그의 심판의 시간이 이르렀음이니 하늘과 땅과 바다와 물들의 근
  원을 만드신 이를 경배하라 하더라

8 또 다른 천사 곧 둘째가 그 뒤를 따라 말하되 무너졌도다 무너졌도다
  큰 성 바벨론이여 모든 나라에게 그의 음행으로 말미암아 진노의 포도
  주를 먹이던 자로다 하더라

9 또 다른 천사 곧 셋째가 그 뒤를 따라 큰 음성으로 이르되 만일 누구든
  지 짐승과 그의 우상에게 경배하고 이마에나 손에 표를 받으면

10 그도 하나님의 진노의 포도주를 마시리니 그 진노의 잔에 섞인 것이 없
  이 부은 포도주라 거룩한 천사들 앞과 어린 양 앞에서 불과 유황으로
  고난을 받으리니

11 그 고난의 연기가 세세토록 올라가리로다 짐승과 그의 우상에게 경배하
  고 그의 이름 표를 받는 자는 누구든지 밤낮 쉼을 얻지 못하리라 하더라

12 성도들의 인내가 여기 있나니 그들은 하나님의 계명과 예수에 대한 믿
  음을 지키는 사니라

13 또 내가 들으니 하늘에서 음성이 나서 이르되 기록하라 지금 이후로 주
  안에서 죽는 자들은 복이 있도다 하시매 성령이 이르시되 그러하다 그
  들이 수고를 그치고 쉬리니 이는 그들의 행한 일이 따름이라 하시더라

마지막 수확

14 또 내가 보니 흰 구름이 있고 구름 위에 인자와 같은 이가 앉으셨는데
  그 머리에는 금 면류관이 있고 그 손에는 예리한 낫을 가졌더라

15 또 다른 천사가 성전으로부터 나와 구름 위에 앉은 이를 향하여 큰 음
  성으로 외쳐 이르되 당신의 낫을 휘둘러 거두소서 땅의 곡식이 다 익어
  거둘 때가 이르렀음이니이다 하니

16 구름 위에 앉으신 이가 낫을 땅에 휘두르매 땅의 곡식이 거두어지니라

마지막 재난을 가지고 온 천사

17 또 다른 천사가 하늘에 있는 성전에서 나오는데 역시 예리한 낫을 가졌
더라

18 또 불을 다스리는 다른 천사가 제단으로부터 나와 예리한 낫 가진 자를
향하여 큰 음성으로 불러 이르되 네 예리한 낫을 휘둘러 땅의 포도송
이를 거두라 그 포도가 익었느니라 하더라

19 천사가 낫을 땅에 휘둘러 땅의 포도를 거두어 하나님의 진노의 큰 포도
주 틀에 던지매

20 성 밖에서 그 틀이 밟히니 틀에서 피가 나서 말 굴레에까지 닿았고 천
육백 스다디온에 퍼졌더라

15장

1 또 하늘에 크고 이상한 다른 이적을 보매 일곱 천사가 일곱 재앙을 가
졌으니 곧 마지막 재앙이라 하나님의 진노가 이것으로 마치리로다

2 또 내가 보니 불이 섞인 유리 바다 같은 것이 있고 짐승과 그의 우상과
그의 이름의 수를 이기고 벗어난 자들이 유리 바다 가에 서서 하나님의
거문고를 가지고

3 하나님의 종 모세의 노래, 어린 양의 노래를 불러 이르되 주 하나님 곧
전능하신 이시여 하시는 일이 크고 놀라우시도다 만국의 왕이시여 주
의 길이 의롭고 참되시도다

4 주여 누가 주의 이름을 두려워하지 아니하며 영화롭게 하지 아니하오리
이까 오직 주만 거룩하시니이다 주의 의로우신 일이 나타났으매 만국이
와서 주께 경배하리이다 하더라

5 또 이 일 후에 내가 보니 하늘에 증거 장막의 성전이 열리며

6 일곱 재앙을 가진 일곱 천사가 성전으로부터 나와 맑고 빛난 세마포 옷
을 입고 가슴에 금 띠를 띠고

7 네 생물 중의 하나가 영원토록 살아 계신 하나님의 진노를 가득히 담은
금 대접 일곱을 그 일곱 천사들에게 주니

8 하나님의 영광과 능력으로 말미암아 성전에 연기가 가득 차매 일곱 천
사의 일곱 재앙이 마치기까지는 성전에 능히 들어갈 자가 없더라

16장 진노의 일곱 대접

1 또 내가 들으니 성전에서 큰 음성이 나서 일곱 천사에게 말하되 너희는
가서 하나님의 진노의 일곱 대접을 땅에 쏟으라 하더라

2 첫째 천사가 가서 그 대접을 땅에 쏟으매 짐승의 표를 받은 사람들과
그 우상에게 경배하는 자들에게 악하고 독한 종기가 나더라

3 둘째 천사가 그 대접을 바다에 쏟으매 바다가 곧 죽은 자의 피 같이 되
니 바다 가운데 모든 생물이 죽더라

4 셋째 천사가 그 대접을 강과 물 근원에 쏟으매 피가 되더라

5 내가 들으니 물을 차지한 천사가 이르되 전에도 계셨고 지금도 계신 거
룩하신 이여 이렇게 심판하시니 의로우시도다

6 그들이 성도들과 선지자들의 피를 흘렸으므로 그들에게 피를 마시게
하신 것이 합당하니이다 하더라

7 또 내가 들으니 제단이 말하기를 그러하다 주 하나님 곧 전능하신 이시
여 심판하시는 것이 참되시고 의로우시도다 하더라

8 넷째 천사가 그 대접을 해에 쏟으매 해가 권세를 받아 불로 사람들을
태우니

9 사람들이 크게 태움에 태워진지라 이 재앙들을 행하는 권세를 가지신
하나님의 이름을 비방하며 또 회개하지 아니하고 주께 영광을 돌리지
아니하더라

10 또 다섯째 천사가 그 대접을 짐승의 왕좌에 쏟으니 그 나라가 곧 어두
워지며 사람들이 아파서 자기 혀를 깨물고

11 아픈 것과 종기로 말미암아 하늘의 하나님을 비방하고 그들의 행위를
회개하지 아니하더라

12 또 여섯째 천사가 그 대접을 큰 강 유브라데에 쏟으매 강물이 말라서 동
   방에서 오는 왕들의 길이 예비되었더라

13 또 내가 보매 개구리 같은 세 더러운 영이 용의 입과 짐승의 입과 거짓
   선지자의 입에서 나오니

14 그들은 귀신의 영이라 이적을 행하여 온 천하 왕들에게 가서 하나님 곧
   전능하신 이의 큰 날에 있을 전쟁을 위하여 그들을 모으더라

15 보라 내가 도둑 같이 오리니 누구든지 깨어 자기 옷을 지켜 벌거벗고 다
   니지 아니하며 자기의 부끄러움을 보이지 아니하는 자는 복이 있도다

16 세 영이 히브리어로 아마겟돈이라 하는 곳으로 왕들을 모으더라

17 일곱째 천사가 그 대접을 공중에 쏟으매 큰 음성이 성전에서 보좌로부
   터 나서 이르되 되었다 하시니

18 번개와 음성들과 우렛소리가 있고 또 큰 지진이 있어 얼마나 큰지 사람
   이 땅에 있어 온 이래로 이같이 큰 지진이 없었더라

19 큰 성이 세 갈래로 갈라지고 만국의 성들도 무너지니 큰 성 바벨론이
   하나님 앞에 기억하신 바 되어 그의 맹렬한 진노의 포도주 잔을 받으매

20 각 섬도 없어지고 산악도 간 데 없더라

21 또 무게가 한 달란트나 되는 큰 우박이 하늘로부터 사람들에게 내리매
   사람들이 그 우박의 재앙 때문에 하나님을 비방하니 그 재앙이 심히 큼
   이러라

17장 큰 음녀에게 내릴 심판

1 또 일곱 대접을 가진 일곱 천사 중 하나가 와서 내게 말하여 이르되 이
   리로 오라 많은 물 위에 앉은 큰 음녀가 받을 심판을 네게 보이리라

2 땅의 임금들도 그와 더불어 음행하였고 땅에 사는 자들도 그 음행의 포
   도주에 취하였다 하고

3 곧 성령으로 나를 데리고 광야로 가니라 내가 보니 여자가 붉은 빛 짐
   승을 탔는데 그 짐승의 몸에 하나님을 모독하는 이름들이 가득하고 일
   곱 머리와 열 뿔이 있으며

4 그 여자는 자주 빛과 붉은 빛 옷을 입고 금과 보석과 진주로 꾸미고 손
  에 금 잔을 가졌는데 가증한 물건과 그의 음행의 더러운 것들이 가득하
  더라

5 그의 이마에 이름이 기록되었으니 비밀이라, 큰 바벨론이라, 땅의 음녀
  들과 가증한 것들의 어미라 하였더라

6 또 내가 보매 이 여자가 성도들의 피와 예수의 증인들의 피에 취한지라
  내가 그 여자를 보고 놀랍게 여기고 크게 놀랍게 여기니

7 천사가 이르되 왜 놀랍게 여기느냐 내가 여자와 그가 탄 일곱 머리와
  열 뿔 가진 짐승의 비밀을 네게 이르리라

8 네가 본 짐승은 전에 있었다가 지금은 없으나 장차 무저갱으로부터 올
  라와 멸망으로 들어갈 자니 땅에 사는 자들로서 창세 이후로 그 이름이
  생명책에 기록되지 못한 자들이 이전에 있었다가 지금은 없으나 장차
  나올 짐승을 보고 놀랍게 여기리라

9 지혜 있는 뜻이 여기 있으니 그 일곱 머리는 여자가 앉은 일곱 산이요

10 또 일곱 왕이라 다섯은 망하였고 하나는 있고 다른 하나는 아직 이르
  지 아니하였으나 이르면 반드시 잠시 동안 머무르리라

11 전에 있었다가 지금 없어진 짐승은 여덟째 왕이니 일곱 중에 속한 자라
  그가 멸망으로 들어가리라

12 네가 보던 열 뿔은 열 왕이니 아직 나라를 얻지 못하였으나 다만 짐승
  과 더불어 임금처럼 한동안 권세를 받으리라

13 그들이 한 뜻을 가지고 자기의 능력과 권세를 짐승에게 주더라

14 그들이 어린 양과 더불어 싸우려니와 어린 양은 만주의 주시요 만왕의
  왕이시므로 그들을 이기실 터이요 또 그와 함께 있는 자들 곧 부르심을
  받고 택하심을 받은 진실한 자들도 이기리로다

15 또 천사가 내게 말하되 네가 본 바 음녀가 앉아 있는 물은 백성과 무리
  와 열국과 방언들이니라

16 네가 본 바 이 열 뿔과 짐승은 음녀를 미워하여 망하게 하고 벌거벗게
  하고 그의 살을 먹고 불로 아주 사르리라

17 이는 하나님이 자기 뜻대로 할 마음을 그들에게 주사 한 뜻을 이루게 하시고 그들의 나라를 그 짐승에게 주게 하시되 하나님의 말씀이 응하기까지 하심이라

18 또 네가 본 그 여자는 땅의 왕들을 다스리는 큰 성이라 하더라

18장 바벨론의 패망

1 이 일 후에 다른 천사가 하늘에서 내려 오는 것을 보니 큰 권세를 가졌는데 그의 영광으로 땅이 환하여지더라

2 힘찬 음성으로 외쳐 이르되 무너졌도다 무너졌도다 큰 성 바벨론이여 귀신의 처소와 각종 더러운 영이 모이는 곳과 각종 더럽고 가증한 새들이 모이는 곳이 되었도다

3 그 음행의 진노의 포도주로 말미암아 만국이 무너졌으며 또 땅의 왕들이 그와 더불어 음행하였으며 땅의 상인들도 그 사치의 세력으로 치부하였도다 하더라

4 또 내가 들으니 하늘로부터 다른 음성이 나서 이르되 내 백성아, 거기서 나와 그의 죄에 참여하지 말고 그가 받을 재앙들을 받지 말라

5 그의 죄는 하늘에 사무쳤으며 하나님은 그의 불의한 일을 기억하신지라

6 그가 준 그대로 그에게 주고 그의 행위대로 갑절을 갚아 주고 그가 섞은 잔에도 갑절이나 섞어 그에게 주라

7 그가 얼마나 자기를 영화롭게 하였으며 사치하였든지 그만큼 고통과 애통함으로 갚아 주라 그가 마음에 말하기를 나는 여왕으로 앉은 자요 과부가 아니라 결단코 애통함을 당하지 아니하리라 하니

8 그러므로 하루 동안에 그 재앙들이 이르리니 곧 사망과 애통함과 흉년이라 그가 또한 불에 살라지리니 그를 심판하시는 주 하나님은 강하신 자이심이라

9 그와 함께 음행하고 사치하던 땅의 왕들이 그가 불타는 연기를 보고 위하여 울고 가슴을 치며

10 그의 고통을 무서워하여 멀리 서서 이르되 화 있도다 화 있도다 큰 성,
   견고한 성 바벨론이여 한 시간에 네 심판이 이르렀다 하리로다
11 땅의 상인들이 그를 위하여 울고 애통하는 것은 다시 그들의 상품을 사
   는 자가 없음이라
12 그 상품은 금과 은과 보석과 진주와 세마포와 자주 옷감과 비단과 붉은
   옷감이요 각종 향목과 각종 상아 그릇이요 값진 나무와 구리와 철과 대
   리석으로 만든 각종 그릇이요
13 계피와 향료와 향과 향유와 유향과 포도주와 감람유와 고운 밀가루와
   밀이요 소와 양과 말과 수레와 종들과 사람의 영혼들이라
14 바벨론아 네 영혼이 탐하던 과일이 네게서 떠났으며 맛있는 것들과 빛난
   것들이 다 없어졌으니 사람들이 결코 이것들을 다시 보지 못하리로다
15 바벨론으로 말미암아 치부한 이 상품의 상인들이 그의 고통을 무서워
   하여 멀리 서서 울고 애통하여
16 이르되 화 있도다 화 있도다 큰 성이여 세마포 옷과 자주 옷과 붉은 옷
   을 입고 금과 보석과 진주로 꾸민 것인데
17 그러한 부가 한 시간에 망하였도다 모든 선장과 각처를 다니는 선객들
   과 선원들과 바다에서 일하는 자들이 멀리 서서
18 그가 불타는 연기를 보고 외쳐 이르되 이 큰 성과 같은 성이 어디 있느
   냐 하며
19 티끌을 자기 머리에 뿌리고 울며 애통하여 외쳐 이르되 화 있도다 화 있
   도다 이 큰 성이여 바다에서 배 부리는 모든 자들이 너의 보배로운 상품
   으로 치부하였더니 한 시간에 망하였도다
20 하늘과 성도들과 사도들과 선지자들아, 그로 말미암아 즐거워하라 하나
   님이 너희를 위하여 그에게 심판을 행하셨음이라 하더라
21 이에 한 힘 센 천사가 큰 맷돌 같은 돌을 들어 바다에 던져 이르되 큰
   성 바벨론이 이같이 비참하게 던져져 결코 다시 보이지 아니하리로다

22 또 거문고 타는 자와 풍류하는 자와 퉁소 부는 자와 나팔 부는 자들의
   소리가 결코 다시 네 안에서 들리지 아니하고 어떠한 세공업자든지 결
   코 다시 네 안에서 보이지 아니하고 또 맷돌 소리가 결코 다시 네 안에
   서 들리지 아니하고

23 등불 빛이 결코 다시 네 안에서 비치지 아니하고 신랑과 신부의 음성이
   결코 다시 네 안에서 들리지 아니하리로다 너의 상인들은 땅의 왕족들
   이라 네 복술로 말미암아 만국이 미혹되었도다

24 선지자들과 성도들과 및 땅 위에서 죽임을 당한 모든 자의 피가 그 성
   중에서 발견되었느니라 하더라

19장 어린 양의 혼인 잔치

1 이 일 후에 내가 들으니 하늘에 허다한 무리의 큰 음성 같은 것이 있어
   이르되 할렐루야 구원과 영광과 능력이 우리 하나님께 있도다

2 그의 심판은 참되고 의로운지라 음행으로 땅을 더럽게 한 큰 음녀를 심
   판하사 자기 종들의 피를 그 음녀의 손에 갚으셨도다 하고

3 두 번째로 할렐루야 하니 그 연기가 세세토록 올라가더라

4 또 이십사 장로와 네 생물이 엎드려 보좌에 앉으신 하나님께 경배하여
   이르되 아멘 할렐루야 하니

5 보좌에서 음성이 나서 이르시되 하나님의 종들 곧 그를 경외하는 너희
   들아 작은 자나 큰 자나 다 우리 하나님께 찬송하라 하더라

6 또 내가 들으니 허다한 무리의 음성과도 같고 많은 물 소리와도 같고 큰
   우렛소리와도 같은 소리로 이르되 할렐루야 주 우리 하나님 곧 전능하
   신 이가 통치하시도다

7 우리가 즐거워하고 크게 기뻐하며 그에게 영광을 돌리세 어린 양의 혼
   인 기약이 이르렀고 그의 아내가 자신을 준비하였으므로

8 그에게 빛나고 깨끗한 세마포 옷을 입도록 허락하셨으니 이 세마포 옷
   은 성도들의 옳은 행실이로다 하더라

9 천사가 내게 말하기를 기록하라 어린 양의 혼인 잔치에 청함을 받은 자
들은 복이 있도다 하고 또 내게 말하되 이것은 하나님의 참되신 말씀이
라 하기로
10 내가 그 발 앞에 엎드려 경배하려 하니 그가 나에게 말하기를 나는 너
와 및 예수의 증언을 받은 네 형제들과 같이 된 종이니 삼가 그리하지
말고 오직 하나님께 경배하라 예수의 증언은 예언의 영이라 하더라

백마를 탄 자

11 또 내가 하늘이 열린 것을 보니 보라 백마와 그것을 탄 자가 있으니 그
이름은 충신과 진실이라 그가 공의로 심판하며 싸우더라
12 그 눈은 불꽃 같고 그 머리에는 많은 관들이 있고 또 이름 쓴 것 하나가
있으니 자기밖에 아는 자가 없고
13 또 그가 피 뿌린 옷을 입었는데 그 이름은 하나님의 말씀이라 칭하더라
14 하늘에 있는 군대들이 희고 깨끗한 세마포 옷을 입고 백마를 타고 그를
따르더라
15 그의 입에서 예리한 검이 나오니 그것으로 만국을 치겠고 친히 그들을
철장으로 다스리며 또 친히 하나님 곧 전능하신 이의 맹렬한 진노의 포
도주 틀을 밟겠고
16 그 옷과 그 다리에 이름을 쓴 것이 있으니 만왕의 왕이요 만주의 주라
하였더라
17 또 내가 보니 한 천사가 태양 안에 서서 공중에 나는 모든 새를 향하여
큰 음성으로 외쳐 이르되 와서 하나님의 큰 잔치에 모여
18 왕들의 살과 장군들의 살과 장사들의 살과 말들과 그것을 탄 자들의 살
과 자유인들이나 종들이나 작은 자나 큰 자나 모든 자의 살을 먹으라
하더라
19 또 내가 보매 그 짐승과 땅의 임금들과 그들의 군대들이 모여 그 말 탄
자와 그의 군대와 더불어 전쟁을 일으키다가

20 짐승이 잡히고 그 앞에서 표적을 행하던 거짓 선지자도 함께 잡혔으니
   이는 짐승의 표를 받고 그의 우상에게 경배하던 자들을 표적으로 미혹
   하던 자라 이 둘이 산 채로 유황불 붙는 못에 던져지고
21 그 나머지는 말 탄 자의 입으로부터 나오는 검에 죽으매 모든 새가 그들
   의 살로 배불리더라

20장

천 년 왕국

1 또 내가 보매 천사가 무저갱의 열쇠와 큰 쇠사슬을 그의 손에 가지고
   하늘로부터 내려와서
2 용을 잡으니 곧 옛 뱀이요 마귀요 사탄이라 잡아서 천 년 동안 결박하여
3 무저갱에 던져 넣어 잠그고 그 위에 인봉하여 천 년이 차도록 다시는 만
   국을 미혹하지 못하게 하였는데 그 후에는 반드시 잠깐 놓이리라
4 또 내가 보좌들을 보니 거기에 앉은 자들이 있어 심판하는 권세를 받
   았더라 또 내가 보니 예수를 증언함과 하나님의 말씀 때문에 목 베임을
   당한 자들의 영혼들과 또 짐승과 그의 우상에게 경배하지 아니하고 그
   들의 이마와 손에 그의 표를 받지 아니한 자들이 살아서 그리스도와 더
   불어 천 년 동안 왕 노릇 하니
5 (그 나머지 죽은 자들은 그 천 년이 차기까지 살지 못하더라) 이는 첫째
   부활이라
6 이 첫째 부활에 참여하는 자들은 복이 있고 거룩하도다 둘째 사망이 그
   들을 다스리는 권세가 없고 도리어 그들이 하나님과 그리스도의 제사
   장이 되어 천 년 동안 그리스도와 더불어 왕 노릇 하리라

사탄의 패망

7 천 년이 차매 사탄이 그 옥에서 놓여
8 나와서 땅의 사방 백성 곧 곡과 마곡을 미혹하고 모아 싸움을 붙이리니
   그 수가 바다의 모래 같으리라

9 그들이 지면에 널리 퍼져 성도들의 진과 사랑하시는 성을 두르매 하늘에서 불이 내려와 그들을 태워버리고
10 또 그들을 미혹하는 마귀가 불과 유황 못에 던져지니 거기는 그 짐승과 거짓 선지자도 있어 세세토록 밤낮 괴로움을 받으리라

크고 흰 보좌에서 심판을 내리시다

11 또 내가 크고 흰 보좌와 그 위에 앉으신 이를 보니 땅과 하늘이 그 앞에서 피하여 간 데 없더라
12 또 내가 보니 죽은 자들이 큰 자나 작은 자나 그 보좌 앞에 서 있는데 책들이 펴 있고 또 다른 책이 펴졌으니 곧 생명책이라 죽은 자들이 자기 행위를 따라 책들에 기록된 대로 심판을 받으니
13 바다가 그 가운데에서 죽은 자들을 내주고 또 사망과 음부도 그 가운데에서 죽은 자들을 내주매 각 사람이 자기의 행위대로 심판을 받고
14 사망과 음부도 불못에 던져지니 이것은 둘째 사망 곧 불못이라
15 누구든지 생명책에 기록되지 못한 자는 불못에 던져지더라

21장 새 하늘과 새 땅

1 또 내가 새 하늘과 새 땅을 보니 처음 하늘과 처음 땅이 없어졌고 바다도 다시 있지 않더라
2 또 내가 보매 거룩한 성 새 예루살렘이 하나님께로부터 하늘에서 내려오니 그 준비한 것이 신부가 남편을 위하여 단장한 것 같더라
3 내가 들으니 보좌에서 큰 음성이 나서 이르되 보라 하나님의 장막이 사람들과 함께 있으매 하나님이 그들과 함께 계시리니 그들은 하나님의 백성이 되고 하나님은 친히 그들과 함께 계셔서
4 모든 눈물을 그 눈에서 닦아 주시니 다시는 사망이 없고 애통하는 것이나 곡하는 것이나 아픈 것이 다시 있지 아니하리니 처음 것들이 다 지나갔음이러라

5 보좌에 앉으신 이가 이르시되 보라 내가 만물을 새롭게 하노라 하시고 또 이르시되 이 말은 신실하고 참되니 기록하라 하시고

6 또 내게 말씀하시되 이루었도다 나는 알파와 오메가요 처음과 마지막이라 내가 생명수 샘물을 목마른 자에게 값없이 주리니

7 이기는 자는 이것들을 상속으로 받으리라 나는 그의 하나님이 되고 그는 내 아들이 되리라

8 그러나 두려워하는 자들과 믿지 아니하는 자들과 흉악한 자들과 살인자들과 음행하는 자들과 점술가들과 우상 숭배자들과 거짓말하는 모든 자들은 불과 유황으로 타는 못에 던져지리니 이것이 둘째 사망이라

새 예루살렘

9 일곱 대접을 가지고 마지막 일곱 재앙을 담은 일곱 천사 중 하나가 나아와서 내게 말하여 이르되 이리 오라 내가 신부 곧 어린 양의 아내를 네게 보이리라 하고

10 성령으로 나를 데리고 크고 높은 산으로 올라가 하나님께로부터 하늘에서 내려오는 거룩한 성 예루살렘을 보이니

11 하나님의 영광이 있어 그 성의 빛이 지극히 귀한 보석 같고 벽옥과 수정 같이 맑더라

12 크고 높은 성곽이 있고 열두 문이 있는데 문에 열두 천사가 있고 그 문들 위에 이름을 썼으니 이스라엘 자손 열두 지파의 이름들이라

13 동쪽에 세 문, 북쪽에 세 문, 남쪽에 세 문, 서쪽에 세 문이니

14 그 성의 성곽에는 열두 기초석이 있고 그 위에는 어린 양의 열두 사도의 열두 이름이 있더라

15 내게 말하는 자가 그 성과 그 문들과 성곽을 측량하려고 금 갈대 자를 가졌더라

16 그 성은 네모가 반듯하여 길이와 너비가 같은지라 그 갈대 자로 그 성을 측량하니 만 이천 스다디온이요 길이와 너비와 높이가 같더라

17 그 성곽을 측량하매 백사십사 규빗이니 사람의 측량 곧 천사의 측량이라

18 그 성곽은 벽옥으로 쌓였고 그 성은 정금인데 맑은 유리 같더라

19 그 성의 성곽의 기초석은 각색 보석으로 꾸몄는데 첫째 기초석은 벽옥
   이요 둘째는 남보석이요 셋째는 옥수요 넷째는 녹보석이요

20 다섯째는 홍마노요 여섯째는 홍보석이요 일곱째는 황옥이요 여덟째는
   녹옥이요 아홉째는 담황옥이요 열째는 비취옥이요 열한째는 청옥이요
   열두째는 자수정이라

21 그 열두 문은 열두 진주니 각 문마다 한 개의 진주로 되어 있고 성의 길
   은 맑은 유리 같은 정금이더라

22 성 안에서 내가 성전을 보지 못하였으니 이는 주 하나님 곧 전능하신
   이와 및 어린 양이 그 성전이심이라

23 그 성은 해나 달의 비침이 쓸 데 없으니 이는 하나님의 영광이 비치고
   어린 양이 그 등불이 되심이라

24 만국이 그 빛 가운데로 다니고 땅의 왕들이 자기 영광을 가지고 그리로
   들어가리라

25 낮에 성문들을 도무지 닫지 아니하리니 거기에는 밤이 없음이라

26 사람들이 만국의 영광과 존귀를 가지고 그리로 들어가겠고

27 무엇이든지 속된 것이나 가증한 일 또는 거짓말하는 자는 결코 그리로
   들어가지 못하되 오직 어린 양의 생명책에 기록된 자들만 들어가리라

22장

1 또 그가 수정 같이 맑은 생명수의 강을 내게 보이니 하나님과 및 어린
   양의 보좌로부터 나와서

2 길 가운데로 흐르더라 강 좌우에 생명나무가 있어 열두 가지 열매를 맺
   되 달마다 그 열매를 맺고 그 나무 잎사귀들은 만국을 치료하기 위하여
   있더라

3 다시 저주가 없으며 하나님과 그 어린 양의 보좌가 그 가운데에 있으리
   니 그의 종들이 그를 섬기며

4 그의 얼굴을 볼 터이요 그의 이름도 그들의 이마에 있으리라

5 다시 밤이 없겠고 등불과 햇빛이 쓸 데 없으니 이는 주 하나님이 그들에
   게 비치심이라 그들이 세세토록 왕 노릇 하리로다

주 예수여 오시옵소서

6 또 그가 내게 말하기를 이 말은 신실하고 참된지라 주 곧 선지자들의 영
   의 하나님이 그의 종들에게 반드시 속히 되어질 일을 보이시려고 그의
   천사를 보내셨도다
7 보라 내가 속히 오리니 이 두루마리의 예언의 말씀을 지키는 자는 복이
   있으리라 하더라
8 이것들을 보고 들은 자는 나 요한이니 내가 듣고 볼 때에 이 일을 내게
   보이던 천사의 발 앞에 경배하려고 엎드렸더니
9 그가 내게 말하기를 나는 너와 네 형제 선지자들과 또 이 두루마리의
   말을 지키는 자들과 함께 된 종이니 그리하지 말고 하나님께 경배하라
   하더라
10 또 내게 말하되 이 두루마리의 예언의 말씀을 인봉하지 말라 때가 가까
   우니라
11 불의를 행하는 자는 그대로 불의를 행하고 더러운 자는 그대로 더럽고
   의로운 자는 그대로 의를 행하고 거룩한 자는 그대로 거룩하게 하라
12 보라 내가 속히 오리니 내가 줄 상이 내게 있어 각 사람에게 그가 행한
   대로 갚아 주리라
13 나는 알파와 오메가요 처음과 마지막이요 시작과 마침이라
14 자기 두루마기를 빠는 자들은 복이 있으니 이는 그들이 생명나무에 나
   아가며 문들을 통하여 성에 들어갈 권세를 받으려 함이로다
15 개들과 점술가들과 음행하는 자들과 살인자들과 우상 숭배자들과 및
   거짓말을 좋아하며 지어내는 자는 다 성 밖에 있으리라
16 나 예수는 교회들을 위하여 내 사자를 보내어 이것들을 너희에게 증언
   하게 하였노라 나는 다윗의 뿌리요 자손이니 곧 광명한 새벽 별이라 하
   시더라

17 성령과 신부가 말씀하시기를 오라 하시는도다 듣는 자도 오라 할 것이
   요 목마른 자도 올 것이요 또 원하는 자는 값없이 생명수를 받으라 하
   시더라
18 내가 이 두루마리의 예언의 말씀을 듣는 모든 사람에게 증언하노니 만
   일 누구든지 이것들 외에 더하면 하나님이 이 두루마리에 기록된 재앙
   들을 그에게 더하실 것이요
19 만일 누구든지 이 두루마리의 예언의 말씀에서 제하여 버리면 하나님
   이 이 두루마리에 기록된 생명나무와 및 거룩한 성에 참여함을 제하여
   버리시리라
20 이것들을 증언하신 이가 이르시되 내가 진실로 속히 오리라 하시거늘
   아멘 주 예수여 오시옵소서
21 주 예수의 은혜가 모든 자들에게 있을지어다 아멘

성령이 이끄는 대로 성경 쓰기

요한계시록 필사 노트 큰글자

1판 1쇄 발행 2024년 4월 25일

엮은이 편집부
펴낸이 이용훈

펴낸곳 북스원
등록 제2015-000033호
주소 서울시 송파구 오금로44나길 5, 401호
전화 010-3244-4066
이메일 wisebook@naver.com
공급처 (주)비전북 031-907-3927
ISBN 979-11-92468-14-3 03230